Aux mains vertes de Fernand et Marinette, merci à Olivier, Marilda, Ju, Célie et Jérémie.

© éditions du Rouergue, 2012
www.lerouergue.com

ils sont tout verts

ils vont par ici et par là

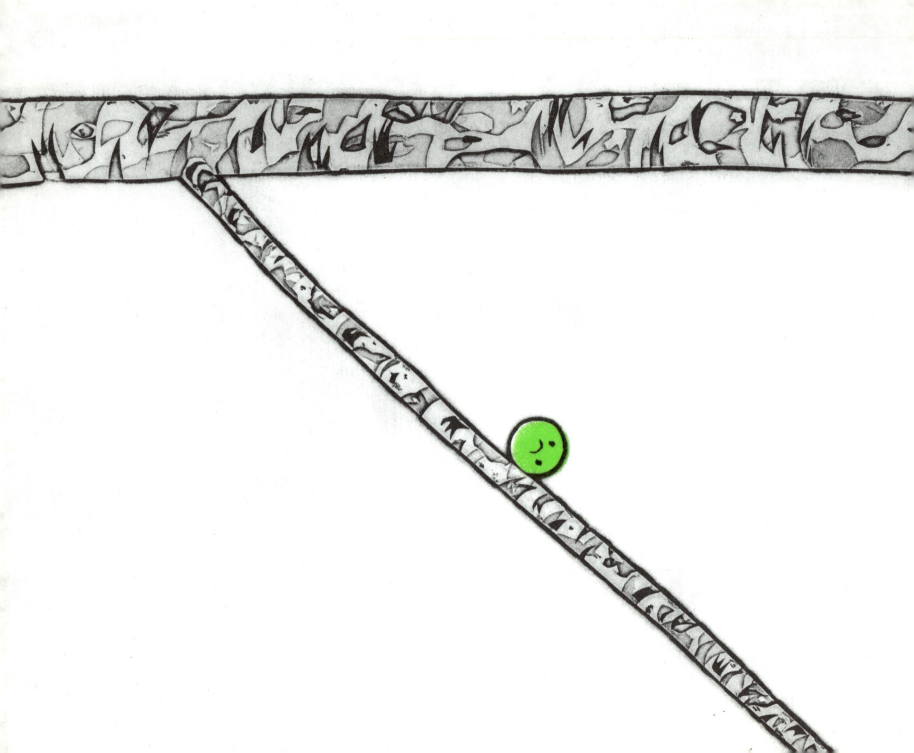

en bas

ouhlala lala …
sauve qui pois !

Deux petits pois ne font ni une ni deux,
en quelques bonds s'en vont et accélèrent…

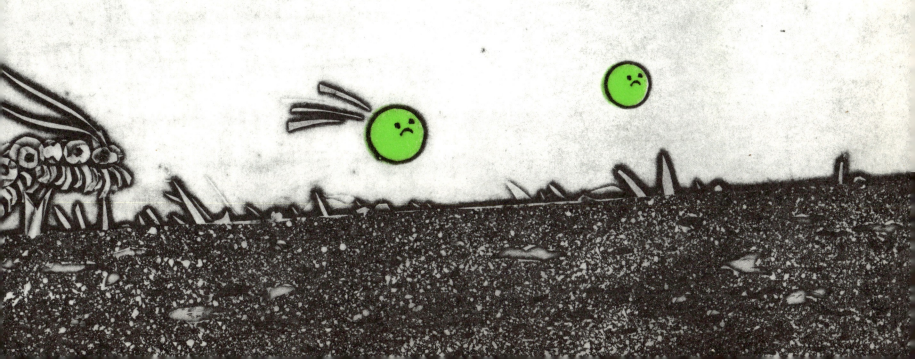

... pour finir au bon endroit.